PICT DOC

Le temps qu'il fait

Harriet Brundle

Illustré par Matt Rumbelow

Mise en pages :
Natacha Kotlarevsky

Titre original :
Weather Infographics

Publié en accord avec Booklife Publishing

Pour l'édition française

170 bis boulevard du Montparnasse
75680 Paris cedex 14

Isbn : 9782746516694
Loi 49956 du 16 juillet 1949
sur les publications destinées
à la jeunesse

Dépôt légal : juin 2018

www.editions-lepommier.fr

PICT DOC

Le temps qu'il fait

Table des matières

Les mots <u>soulignés</u> sont expliqués dans le glossaire page 31.

Le Temps

Le temps qu'il fait occupe une place importante dans notre vie.
Il existe différents types de temps : pluvieux, nuageux, ensoleillé, par exemple.

Il ne fait pas le même temps partout dans le monde. Voici une carte des records de chaleur, de froid et de pluie enregistrés dans le monde entier.

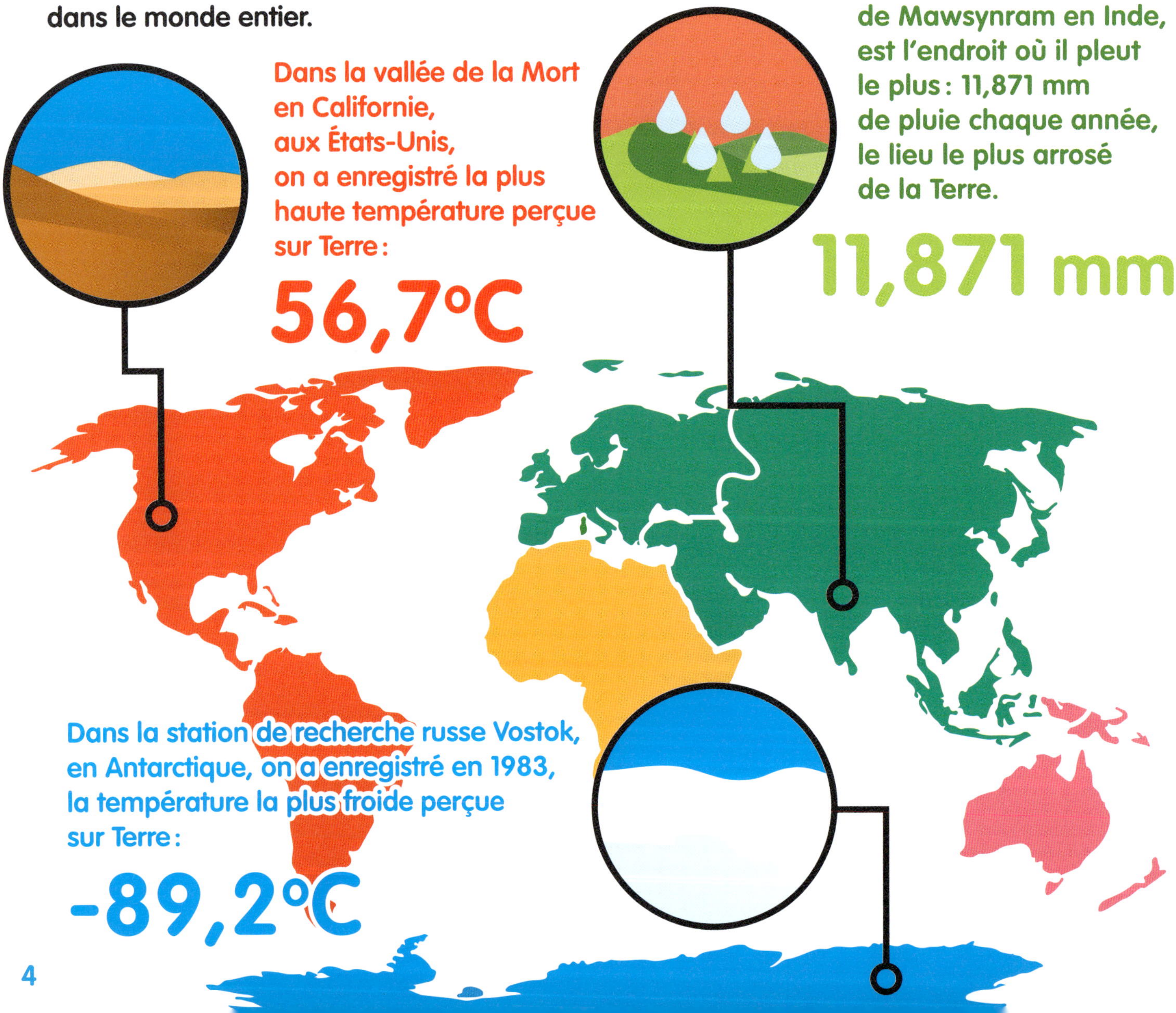

Dans la vallée de la Mort en Californie, aux États-Unis, on a enregistré la plus haute température perçue sur Terre :

56,7°C

La commune de Mawsynram en Inde, est l'endroit où il pleut le plus : 11,871 mm de pluie chaque année, le lieu le plus arrosé de la Terre.

11,871 mm

Dans la station de recherche russe Vostok, en Antarctique, on a enregistré en 1983, la température la plus froide perçue sur Terre :

-89,2°C

Partout dans le monde, les habitants qui vivent dans des climats extrêmes ont dû s'y adapter.

Le type de nourriture que l'on mange dépend aussi du temps qu'il fait localement.

Les épinards préfèrent le froid.

Les bananes mûrissent mieux au soleil.

Le climat

Le climat c'est le temps qu'il fait le plus souvent, à un même endroit, sur une longue période. La météo, ce sont les prévisions au jour le jour.

printemps — été — automne — hiver

Le climat dans le désert, au Sahara par exemple, est très chaud et sec. Il pleut très rarement.

Le climat du pôle Sud est très très froid. La température moyenne en hiver est de -49°C.

Le changement climatique désigne un changement à long terme des conditions météorologiques. Récemment, les scientifiques ont montré que la température moyenne sur Terre augmente. C'est cela qu'on appelle le réchauffement climatique.
Cela commence à provoquer des changements à grande échelle partout dans le monde.

Les glaciers fondent.

Les saisons chaudes commencent plus tôt et durent plus longtemps.

Les niveaux des mers augmentent.

Le changement climatique affecte aussi les animaux.
La taille des habitats diminue et les modèles de migration sont en train de changer.

Voici un climatologue : il étudie le climat.

La température

La température est la mesure de la chaleur ; d'un objet ou d'un environnement.
On mesure la température avec un thermomètre.

L'eau liquide gèle et se change en glace à une température de 0°C.

L'eau liquide bout et se change en vapeur à une température de 100°C.

On utilise la température pour indiquer les conditions météorologiques d'un lieu précis.

En juillet, La température moyenne en Égypte est de 37,5°C.

En juillet, La température moyenne en Islande est de 13°C.

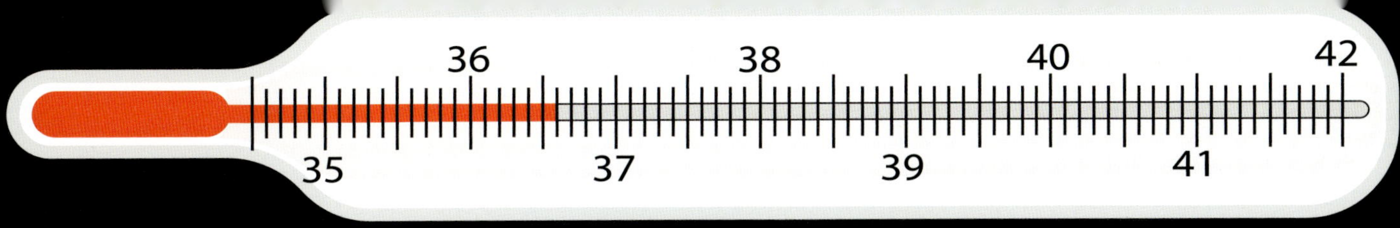

1714

Le thermomètre à mercure, en verre, a été inventé en 1714. Il est fabriqué à partir de verre très mince contenant une petite quantité de métal liquide appelé mercure. Lorsque la température augmente, le mercure se dilate et grimpe dans le tube, indiquant la température. Le mercure descend dans le tube lorsque la température diminue.

4 000 000 000 000

L'une des températures les plus chaudes jamais enregistrées a été de quatre mille milliards de degrés. Soit 250 000 fois plus chaud que le Soleil !

La température est mesurée en degrés. Il existe différentes échelles de températures : Fahrenheit, Celsius et Kelvin.

Le zéro absolu est la température la plus froide que n'importe quelle substance peut atteindre. C'est égal à -273,15°C.

L'ensoleillement

Le Soleil est l'étoile située au centre de notre système solaire.

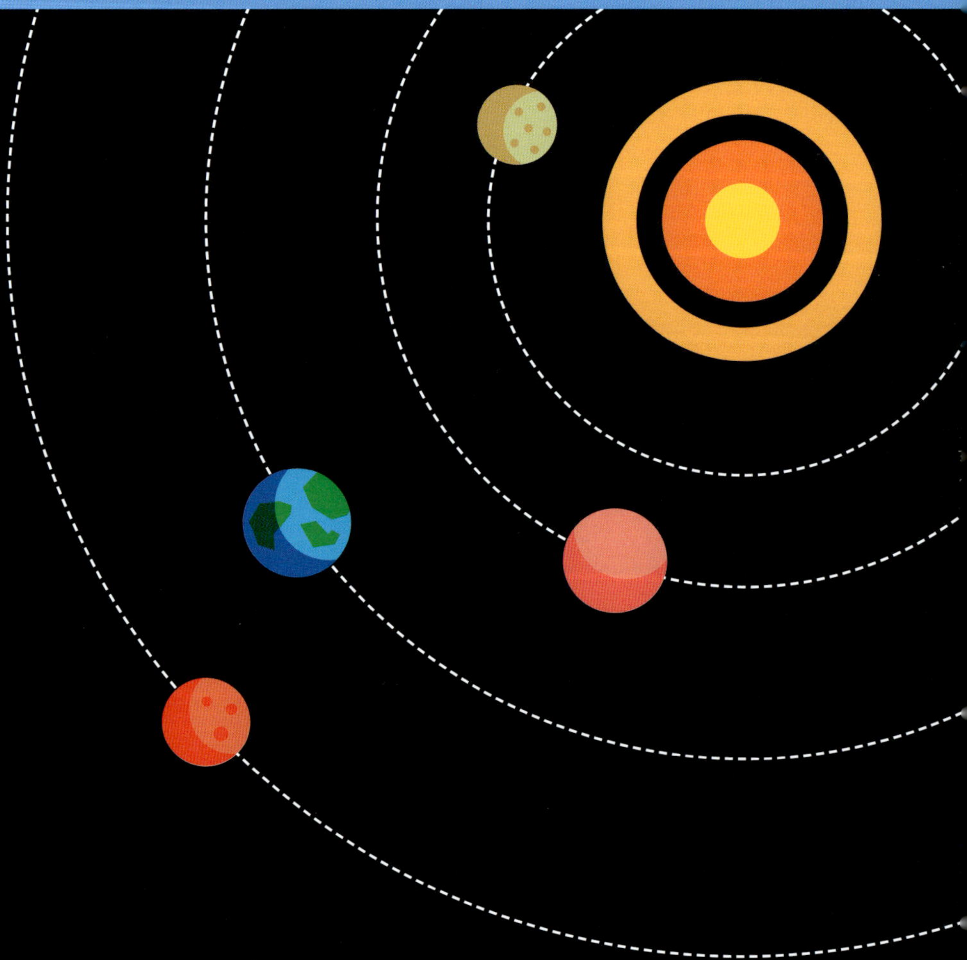

La planète Terre bouge tout le temps. Pendant sa rotation, à un moment donné, seule une partie de la Terre est tournée vers le Soleil. C'est pour cela que le jour et la nuit se succèdent.

Certains pays sont plus chauds que d'autres. Les pays qui sont plus proches de l'Équateur sont souvent plus chauds car le soleil est placé presque au-dessus d'eux toute la journée.

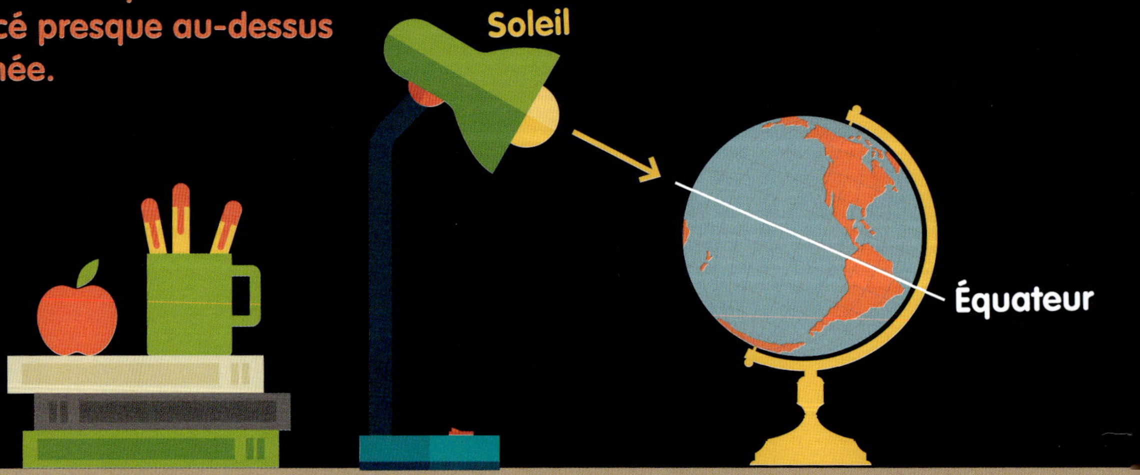

La ville de Yuma, en Arizona, reçoit la lumière du Soleil en moyenne 11 heures par jour. C'est un des endroits les plus ensoleillés de la Terre !

ARIZONA

8

Il faut environ 8 minutes pour que la lumière du Soleil atteigne la Terre.

15 000 000

La température au centre du Soleil est d'environ 15 000 000°C.

Les nuages et le vent

Lorsque l'air chaud monte, il refroidit. En refroidissant, de minuscules gouttelettes d'humidité se forment. Ce processus s'appelle la condensation. Lorsque des milliards de gouttelettes se rejoignent, un nuage se crée.

Les différents types de nuages

Le brouillard est un nuage qui se forme tout près du sol.

Le vent est l'air qui se déplace autour de la Terre. Cela peut être une brise légère ou une rafale extrêmement puissante.

Comment le vent se forme-t-il ?

Le Soleil chauffe la surface de la Terre.
Certaines parties de la Terre reçoivent plus de chaleur que d'autres, l'air y est donc plus chaud.
Lorsque l'air chaud monte, de l'air plus froid prend sa place ; c'est cela qui crée le vent.

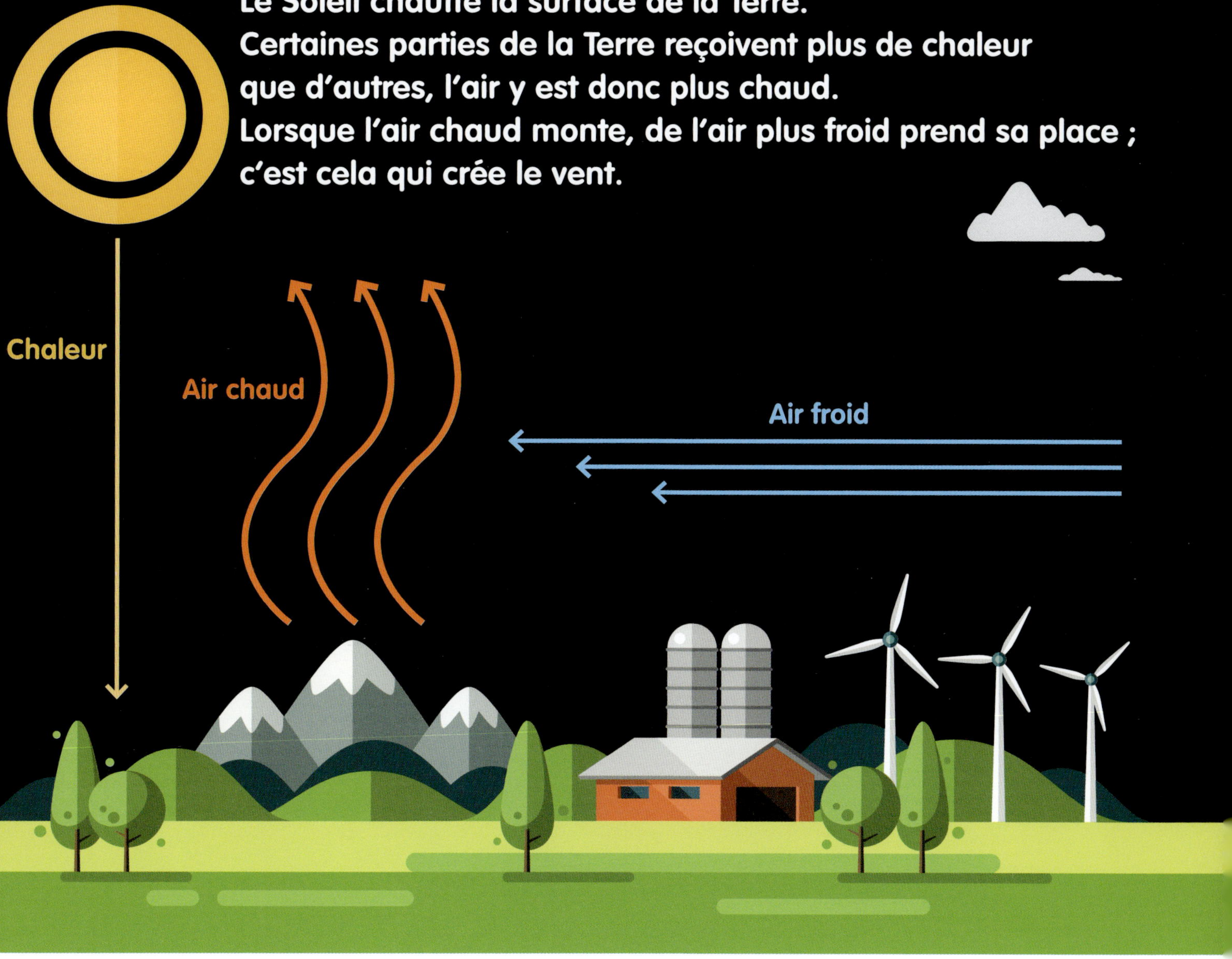

L'échelle de Beaufort est souvent utilisée pour mesurer la force du vent. Cela se fait souvent en observant les conditions en mer.

La pluie et les inondations

Quand beaucoup de gouttelettes se rassemblent pour former des nuages, elles deviennent lourdes et la gravité finit par faire tomber l'humidité sous forme de pluie.
La pluie est un type de précipitation.

Il existe deux formes principales de pluie :

Une pluie intense et rapide qui ne dure pas longtemps.

La bruine (ou crachin) : une pluie légère et lente qui peut durer des heures !

Il existe aussi la pluie « acide ». Elle peut être extrêmement nocive pour les plantes et les animaux.

La pluie peut aussi contenir de la poussière, de la saleté, de l'herbe et des petits insectes.

Une inondation est un débordement d'eau sur une terre habituellement sèche.

Un pluviomètre est un outil utilisé pour mesurer la quantité de pluie tombée dans un lieu précis.

Des inondations peuvent survenir à cause de fortes pluies ou de la fonte des neiges. Les niveaux d'eau de la rivière augmentent et passent au-dessus de leurs lits.

L'inondation éclair se produit très rapidement, en quelques heures de fortes pluies. L'eau coule rapidement et peut être extrêmement dangereuse.

1 milliard

Chaque minute, environ un milliard de tonnes de pluie tombe sur la surface de la Terre.

La neige

La neige se forme lorsque les gouttelettes d'eau dans les nuages se transforment en glace. Pour que cela se produise, la température doit être inférieure à 0°C.

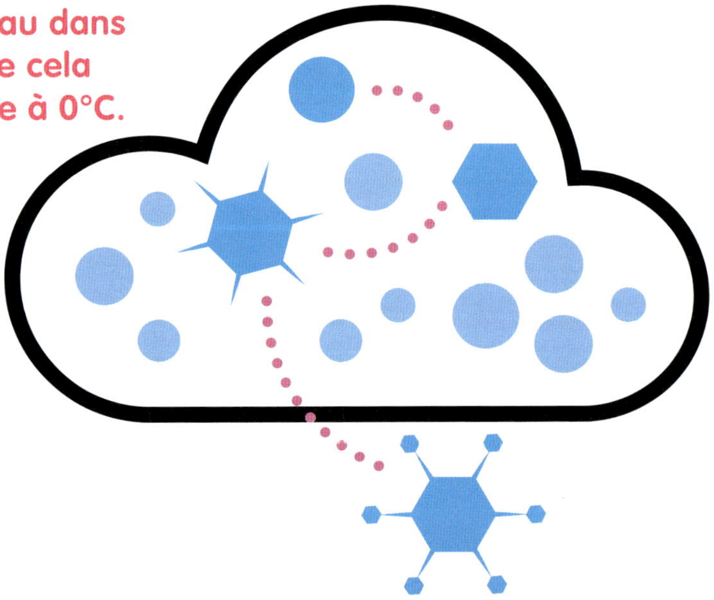

Chaque goutte devient un cristal de glace. Les cristaux de glace s'assemblent pour créer un flocon de neige. Lorsque le flocon de neige est assez lourd, il tombe sur le sol.

Chaque flocon de neige est unique.

Chaque hiver aux États-Unis, il tombe du ciel 1 000 000 000 000 000 000 000 000 cristaux de glace.

2,56 mètres

de neige sont tombés
en un seul jour en 2015,
dans la région de Capracotta (Italie).

Lorsque la température extérieure passe au-dessus de zéro, la neige fond et redevient liquide.

Les fortes chutes de neige sont appelées des tempêtes de neige. Quand la tempête de neige s'accompagne de vents violents, cela s'appelle un blizzard.

Le Tonnerre et les éclairs

Les orages sont des tempêtes pendant lesquelles on voit la foudre et on entend le tonnerre. Ils surviennent lorsque l'atmosphère est très instable.

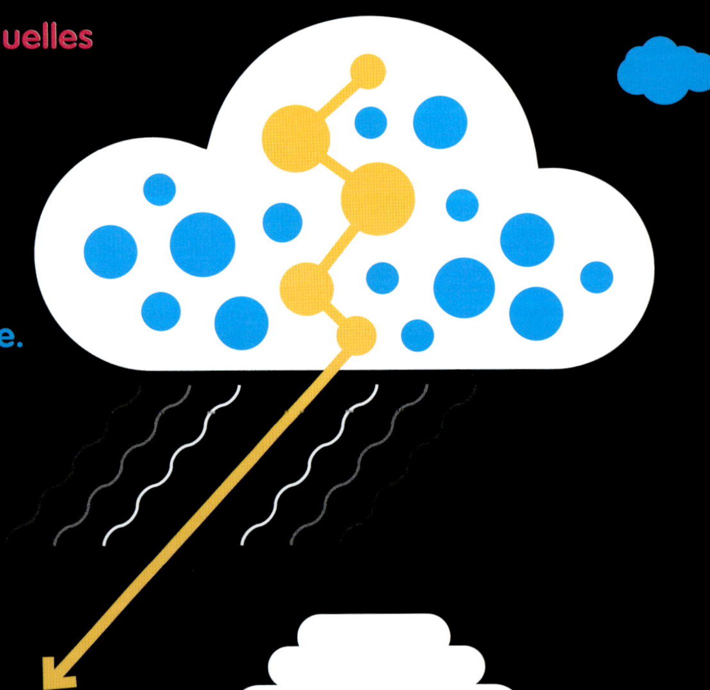

De petites gouttelettes de glace se rencontrent dans les nuages et cette rencontre crée une charge électrique. Cela produit un éclair de lumière : la foudre.

Quand un éclair éclate dans les nuages, l'air qui l'entoure se dilate.

Lorsque l'air se contracte, il fait vibrer des particules dans l'air, c'est ce que nous entendons : le tonnerre.

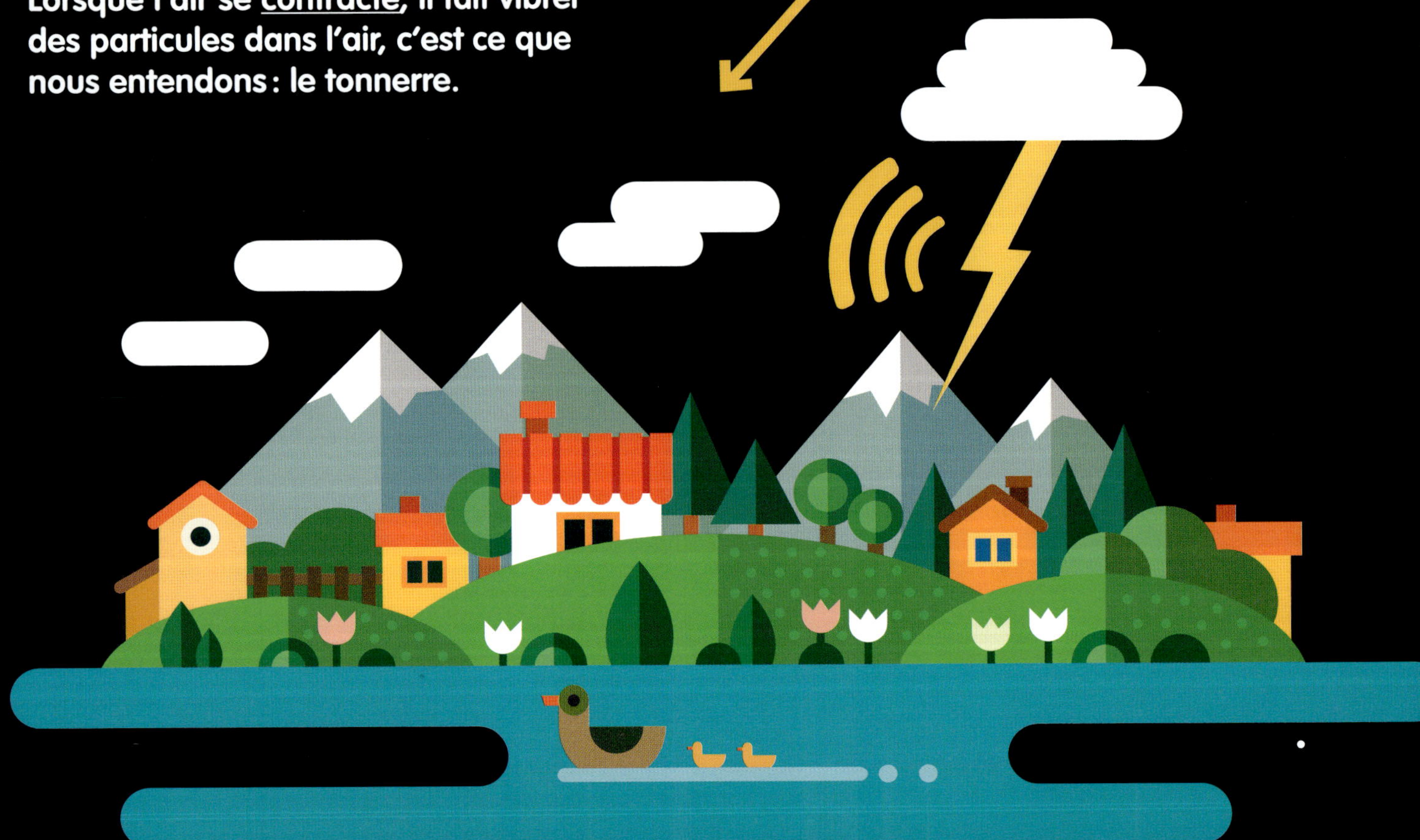

Nous voyons la foudre avant d'entendre le tonnerre parce que la lumière voyage plus vite que le son.

Lumière : 299 792 458 mètres par seconde

Son : 340 mètres par seconde

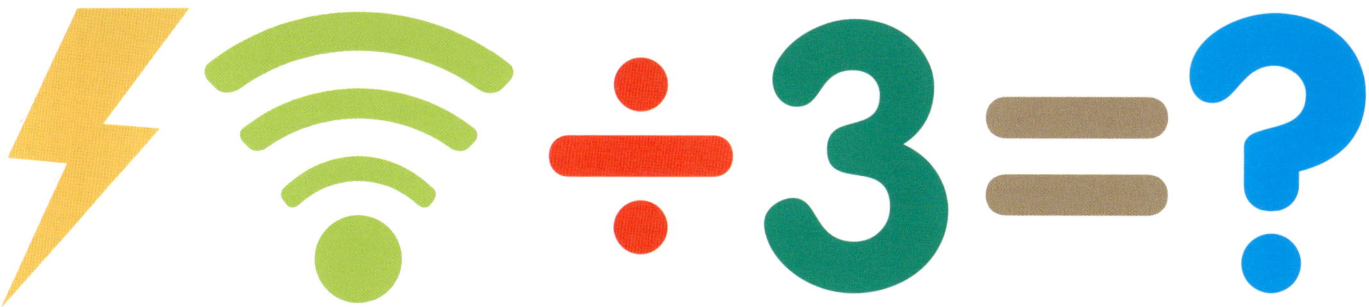

Compte le nombre de secondes entre le moment où tu vois l'éclair et celui où tu entends le tonnerre, divise ce nombre par 3 = nombre de km qui te sépare de l'orage.

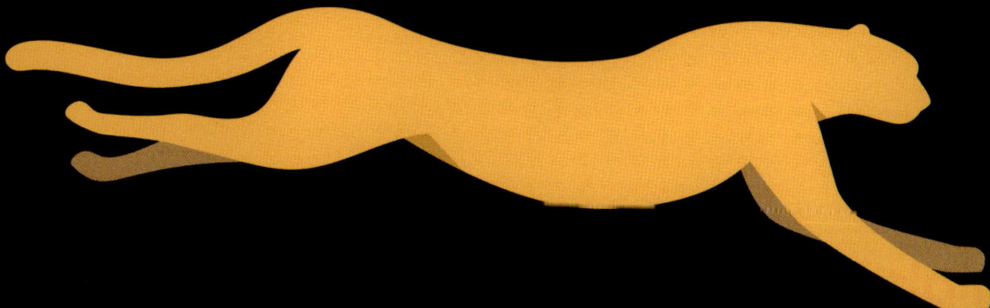

Le bruit du tonnerre se déplace à environ 1230 km/h. C'est onze fois plus rapide qu'un guépard !

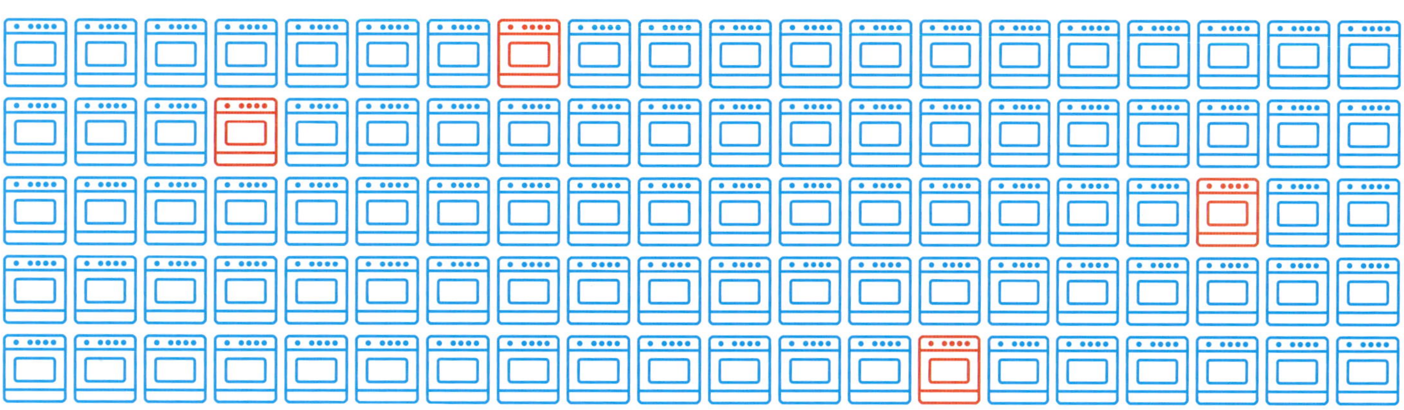

La température moyenne de la foudre est estimée à 20 000 °C. Presque aussi chaud que 100 fours rassemblés.

Le cycle de l'eau

L'eau se déplace continuellement autour du monde, de la terre vers le ciel et du ciel vers la terre ; c'est le cycle de l'eau. La terre a une quantité d'eau limitée et c'est la même eau qui circule dans le cycle de l'eau.

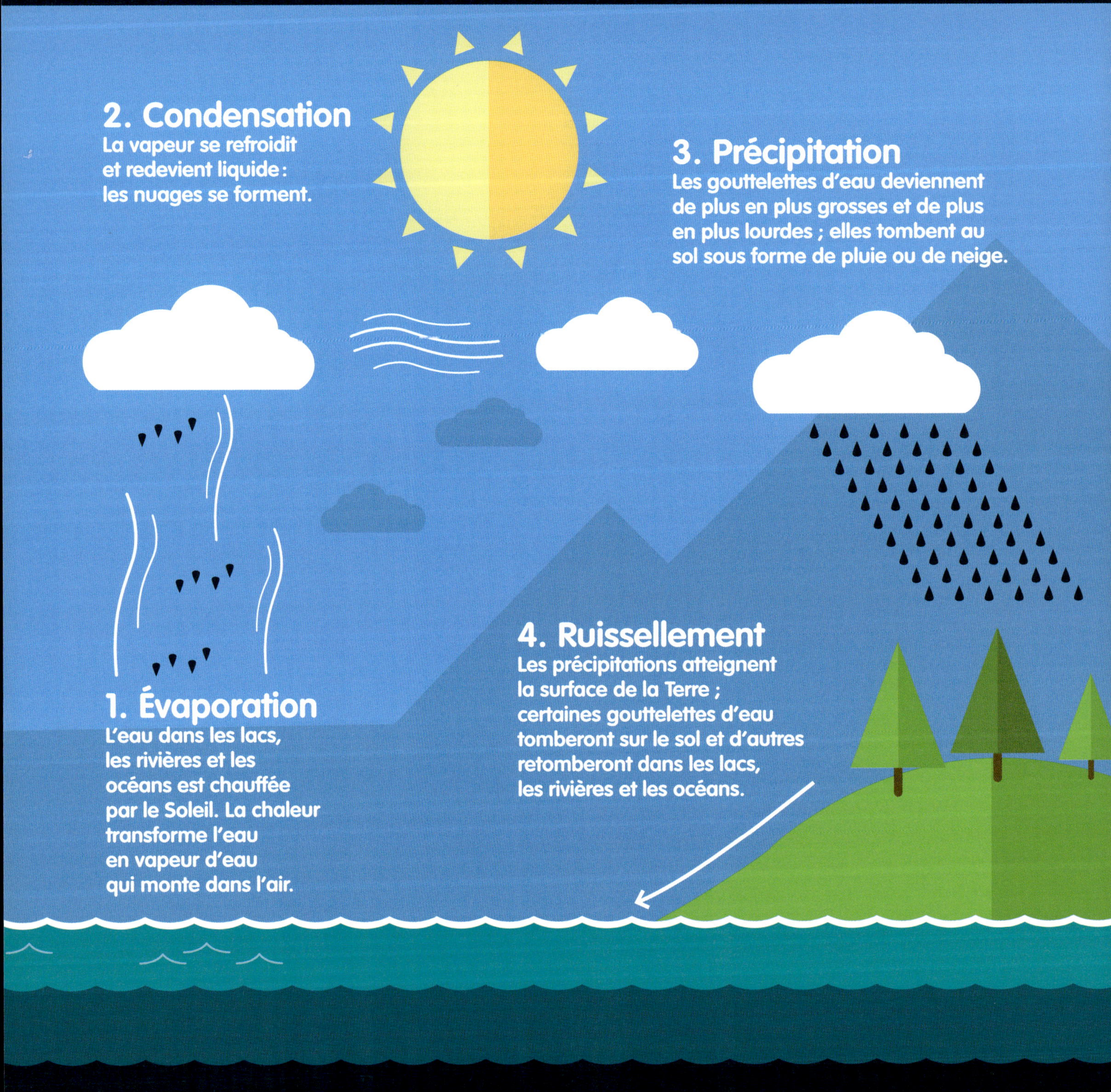

La quantité d'eau sur Terre est limitée, il est donc important de faire attention à la façon dont tu utilises l'eau. Pour économiser l'eau, tu peux :

Fermer le robinet quand tu te brosses les dents.

Prendre une douche rapide.

Utiliser un arrosoir plutôt qu'un tuyau d'arrosage pour les plantes du jardin.

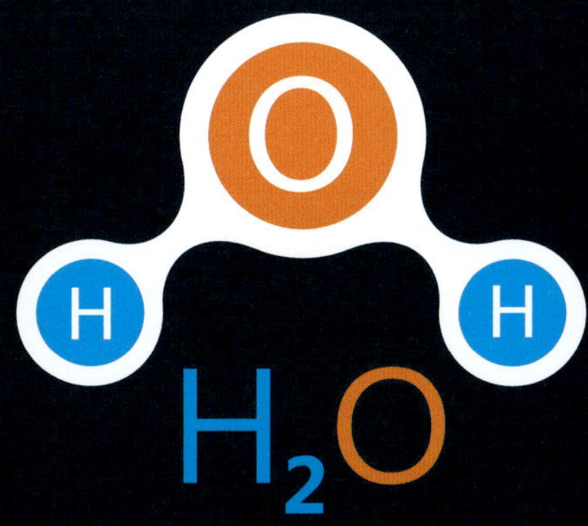

L'eau est parfois appelée H_2O. C'est parce qu'elle est composée de deux parties d'hydrogène et une partie d'oxygène.

3% seulement de l'eau sur Terre est de l'eau douce que nous pouvons boire.

Un robinet qui fuit c'est au moins 5 500 litres d'eau gaspillés par an.

L'eau de ton robinet contient peut-être les mêmes molécules d'eau que celle que les dinosaures ont bue !

Les animaux et le climat

Tous les animaux s'adaptent au fil du temps, ce qui signifie qu'ils sont souvent bien adaptés aux conditions météorologiques de leur habitat.

Le changement climatique agit sur les animaux de différentes façons :

Perte de l'habitat

Les températures plus chaudes changent les modes de reproduction et d'hibernation

L'augmentation du niveau des mers provoque des inondations et la détérioration de l'habitat.

Les suricates ont des cercles noirs autour des yeux qui agissent comme des lunettes de soleil, et les aident à voir quand le Soleil brille !

Les kangourous utilisent leur langue pour se rafraîchir pendant les chauds étés australiens. Ils se lèchent les jambes pour maintenir une température corporelle stable.

Ce chameau vit dans le désert de sable chaud, où il ne pleut presque jamais.

Les chameaux doivent parfois passer des mois sans nourriture dans le désert, ils ont donc de grandes bosses dans lesquelles ils peuvent stocker les graisses qu'ils utilisent pour avoir de l'énergie.

Des sourcils épais et touffus protègent leurs yeux du Soleil.

Des lèvres épaisses pour manger les plantes épineuses du désert sans se faire mal.

Des pieds larges pour marcher plus facilement sur le sable chaud.

Les manchots empereurs vivent en Antarctique, où le temps est extrêmement froid. Ils se sont adaptés à cet environnement de différentes manières :

Leur grande taille les aide à retenir la chaleur corporelle.

Leur queue courte et raide assure leur équilibre sur la glace glissante.

Ils ont un pli spécial sur la peau pour garder leurs œufs au chaud.

Les saisons

**Il y a 4 saisons :
printemps, été, automne, hiver.**

Les températures commencent à se réchauffer, mais il y a du vent et de la pluie. Les bébés animaux naissent et les plantes commencent à s'épanouir.

C'est la saison la plus chaude et il y a souvent très peu de vent ou de pluie. Il fait jour plus longtemps qu'au cours des autres saisons.

La température commence à baisser. Il fait jour de moins en moins tard. Les arbres perdent leurs feuilles et les fourrures des animaux s'épaississent pour se préparer au froid de l'hiver.

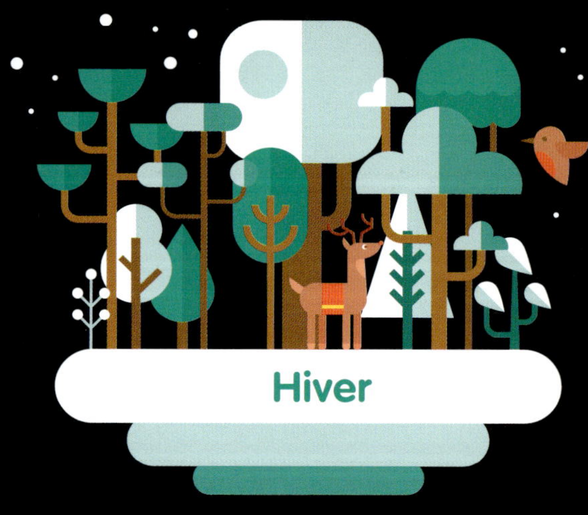

C'est la saison la plus froide. Les températures deviennent très froides et dans de nombreux endroits il y a souvent de la pluie, de la grêle ou de la neige.

La Terre tourne sur elle-même mais aussi autour du Soleil. Il faut une année à la Terre pour effectuer un tour complet du Soleil.

La Terre tourne en continu. Il lui faut 24 heures pour effectuer un tour complet sur elle-même.

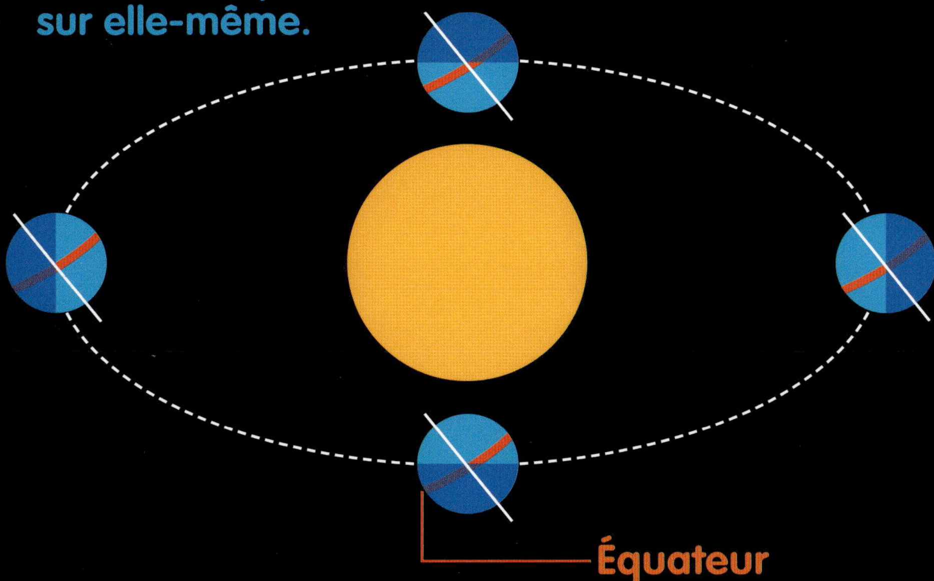

Il existe différentes saisons parce que la Terre tourne sur un axe. L'inclinaison de cet axe explique que différentes parties de la Terre sont plus proches du Soleil à différents moments de l'année.

Cette distance vis-à-vis du Soleil crée les saisons.

En Angleterre, il neige souvent à Noël.
En Australie, Noël est souvent célébré avec un barbecue au soleil.

Épisodes extrêmes

Les ouragans sont de grosses tempêtes tourbillonnantes qui causent de fortes pluies et de forts vents. Ils commencent au large, mais s'ils atteignent la terre, ils peuvent causer de gros dégâts.

L'œil d'un ouragan peut mesurer plus de 320 km de diamètre.

Une tornade est une colonne d'air qui tourne violemment. Elle est en contact avec la terre et les nuages.

Les tornades sont très dangereuses. Les plus intenses peuvent détruire de grands bâtiments et projeter des voitures à plus de 100 mètres.

480

La vitesse du vent de l'ouragan est d'au moins 480 km/h.

1000

En moyenne, 1 000 tornades sont signalées chaque année.

20cm

Le plus gros grêlon (morceau de grêle) jamais tombé a été enregistré au Dakota du Sud en 2010.

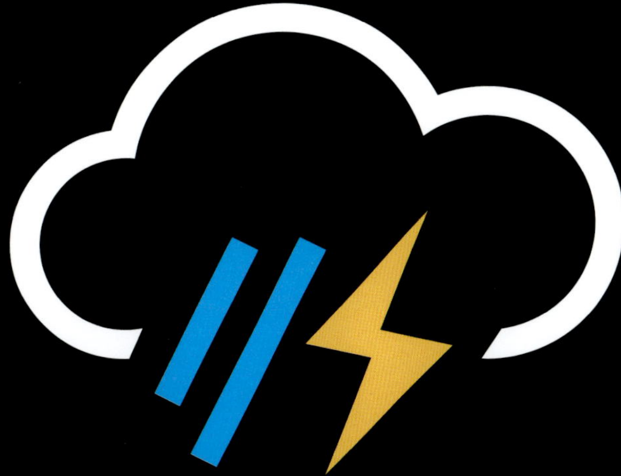

La taille moyenne d'un nuage d'orage est entre 9,5 et 16 km de large.

Des centaines d'orages se produisent partout dans le monde en ce moment !

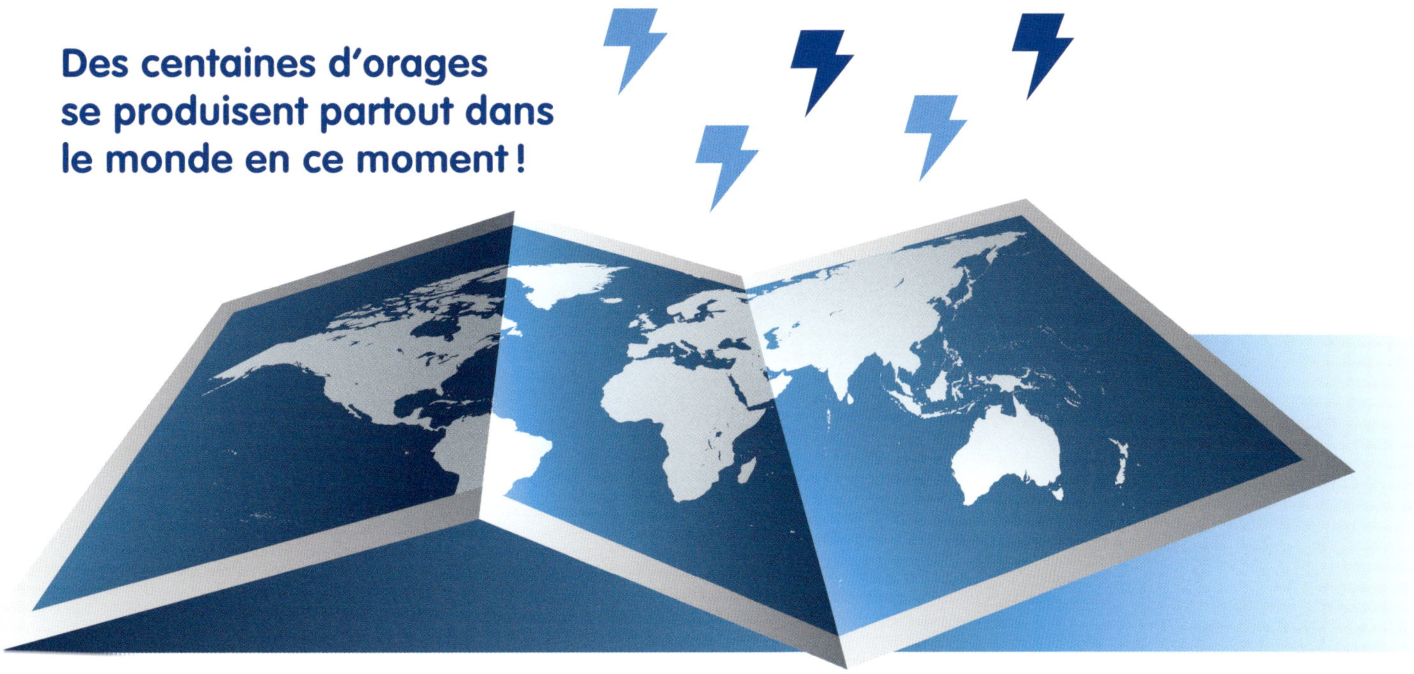

Les sécheresses sont de longues périodes avec peu ou pas de pluie. En cas de sécheresse majeure, les récoltes sont mauvaises et les réserves de nourriture faibles, ce qui peut avoir des effets catastrophiques sur les habitants de ces régions.

Les prévisions météo

La prévision météorologique indique le temps qu'il va faire dans les jours suivants.

Voici une prévision météo pour une semaine :

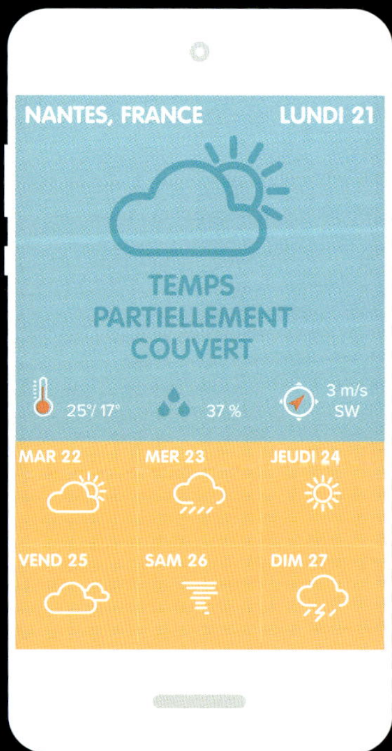

Les météorologues placent leurs prévisions sur une carte afin que nous puissions voir quel sera le temps selon l'endroit où l'on se situe.

Les météorologues utilisent une combinaison de données informatiques, d'informations reçues des satellites dans le ciel, d'observations météorologiques et de modèles météorologiques pour prédire le temps qu'il fera.

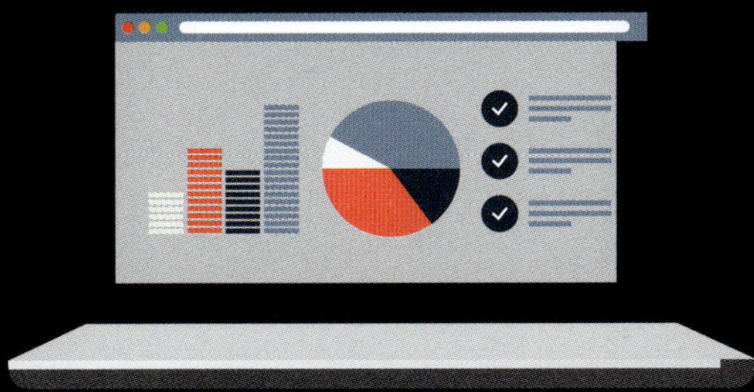

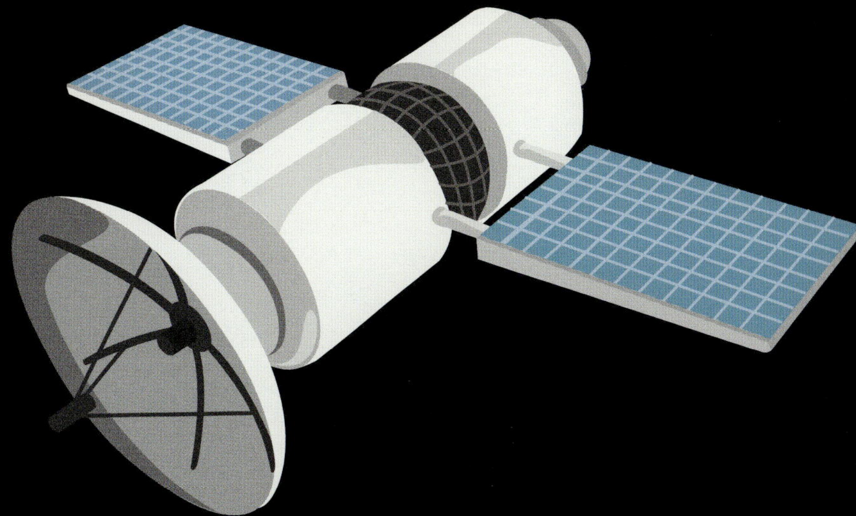

Les météorologues mesurent beaucoup de facteurs différents, notamment la température, la vitesse du vent et les précipitations.

Les météorologues peuvent aussi prévoir le degré d'humidité, qui est le pourcentage de vapeur d'eau dans l'air.

Nos corps transpirent si nous avons trop chaud car l'humidité est destinée à nous refroidir. Cependant, si l'air est déjà extrêmement humide, notre sueur ne s'évapore pas de notre peau et nous ressentons la température comme beaucoup plus élevée qu'elle ne l'est en réalité.

79.4

Bellingham, une ville de l'état de Washington a un taux d'humidité extrêmement élevé de 79,4%.

Activité

Construis un pluviomètre

Demande à un adulte de t'aider.

Étape 1. À l'aide de ciseaux, retire soigneusement le haut d'une grande bouteille en plastique.

Étape 2. Remplis la partie inférieure de la bouteille avec de petites pierres ou des cailloux qui n'absorbent pas l'eau de pluie. Cela pèsera au fond de la bouteille et elle restera droite même s'il y a du vent.

Étape 3. Sur le côté de la bouteille, utilise une règle et un marqueur pour indiquer les centimètres du bas vers le haut.

Étape 4. Remplis le récipient d'eau jusqu'au premier trait, pour que tous les cailloux soient couverts. Tu pourras mesurer la quantité d'eau de pluie tombée à partir de ce niveau.

Étape 5. Place ton pluviomètre à l'extérieur sur un terrain plat et assure-toi qu'il n'y a rien au-dessus, les branches des arbres par exemple…

Étape 6. Surveille ton pluviomètre toutes les 24 heures pour savoir quelle quantité de pluie est tombée. Note bien les différentes mesures. Quand le pluviomètre est plein, vide-le (mais au fond de la bouteille, garde les mêmes cailloux à chaque fois) et recharge-le d'eau pour recommencer.

Un conseil : essaie d'utiliser ton pluviomètre à différents moments de l'année pour pouvoir comparer les quantités de pluie tombées à chaque saison.

Glossaire

s'adapter	changer pour suivre de nouvelles conditions
atmosphère	mélange de gaz qui compose l'air et entoure la Terre
changement climatique	modification à long terme des conditions météorologiques
contracter	devenir plus petit
Équateur	ligne imaginaire tracée autour de la Terre, à égale distance des pôles Nord et Sud
s'étendre	devenir plus grand
glacier	très gros morceau de glace qui se déplace lentement
habitat	environnement naturel dans lequel vivent les animaux et les plantes
hibernation	période hivernale pendant laquelle un animal met sa vie au ralenti.
lit	espace occupé par un cours d'eau
migration	déplacement saisonnier d'un pays à un autre
nocive	dangereuse
potable	que l'on peut boire
précipitation	gouttes d'eau tombant des nuages
rotation	action de tourner autour d'un point central ou d'un axe

Index

IMPRIM'VERT®
Imprimé en France par SEPEC à Péronnas
N° d'imprimeur : 17932180483 - Dépôt légal : juin 2018
N°d'édition : 74651669-01